Inhalt

Virtual Engineering - die digitale Produkt- und Produktionsentwicklung

[Kernthesen](#)

[Beitrag](#)

[Fallbeispiele](#)

[Weiterführende Literatur](#)

[Impressum](#)

Virtual Engineering - die digitale Produkt- und Produktionsentwicklung

I.Zeilhofer-Ficker

Kernthesen

- Virtual Engineering umfasst das Entwickeln und Testen von Produkten im virtuellen Raum aber auch die Planung von Produktionsabläufen in der digitalen Fabrik.
- Durch Virtual Engineering kann die Time-to-Market wesentlich verkürzt und Entwicklungs- und Produktionskosten gespart werden.
- Das durchgängige, integrierte Produktdatenmanagement ist für das

Virtual Engineering notwendige Voraussetzung.
- Leider gibt es noch keine Softwareprodukte, die allen Anforderungen von Virtual Engineering absolut gerecht werden.

Beitrag

Kurze Entwicklungszeiten verschaffen innovativen Unternehmen einen unverzichtbaren Wettbewerbsvorteil am Markt. Das schnelle Time-to-Market kann ohne Unterstützung durch digitale Werkzeuge und Methoden nicht mehr bewältigt werden.

Werkzeuge und Methoden des Virtual Engineering

Holographische Darstellungen und virtuelle Umgebungen gehören für viele Menschen immer noch in den Bereich der Science Fiction. Dabei hat die Entwicklung der virtuellen Welt schon vor rund 40 Jahren begonnen und seither erstaunliche Ergebnisse zuwege gebracht. (1)

Vor allem in der Raumfahrt, im Flugzeug- und

Automobilbau bedient man sich schon seit längerer Zeit der virtuellen Möglichkeiten der Entwicklung von Produkten, der Simulation sowie der digitalen Fabrik. (1), (2)

Erfinder in früheren Jahren arbeiteten nach dem Trial-and-Error-Prinzip. Man hatte eine Idee, konstruierte daraus z. B. eine Maschine. Wenn diese funktionierte, hatte man Glück gehabt, wenn nicht, änderte man das Modell solange, bis es endlich lief. Heutzutage passiert dieses Austesten zum Großteil am Computer. Das Modell wird dreidimensional am PC gezeichnet, Funktionalitäten hinzugefügt, wodurch ein digitales Modell entsteht (Digital-Mock-Up). Von Anfang an sollte die Produktionsplanung in den Design-Prozess eingebunden sein, damit gleichzeitig die Entstehung des Produktes in der digitalen Fabrik visualisiert und simuliert werden kann. Damit kann sichergestellt werden, dass das entwickelte Produkt kostengünstig und qualitativ hochwertig produziert werden kann. (2), (3), (5)

Durch das Nutzen der virtuellen Werkzeuge am Computer können viele Ingenieure parallel an der Entwicklung eines Produktes arbeiten. Alle greifen über das Internet auf die gleiche Datenbank zurück und selbst Entfernungen von Tausenden von Kilometern spielen kaum noch eine Rolle. Zulieferer können schon früh in den Entwicklungsprozess eingebunden werden, deren Expertise fließt in das Produkt mit ein. (2), (3), (4)

Ist der digitale Prototyp konstruiert, so kann mit Hilfe von Simulationen getestet werden, ob das Produkt funktionieren wird und wie es auf unterschiedlichste Belastungen reagiert. Virtuelle Crashtests von Autos sind uns allen ein Begriff, in der Simulation kann aber beispielsweise auch verglichen werden, welche Variante unter gewissen Belastungen die optimale ist. Das Design kann so problemlos getestet, überarbeitet und verbessert werden, bevor noch der erste reale Prototyp gebaut wurde. (2), (4), (6), (7)

Gleichzeitig wird der Fertigungsablauf in der digitalen Fabrik virtuell geplant und durchgetestet. Auch hier können mehrere Varianten simuliert werden, die Möglichkeit der Nutzung von Zulieferteilen erprobt und die effizienteste Möglichkeit für den tatsächlichen Fertigungsprozess gewählt werden. (2)

Unverzichtbar ist bei den Abläufen des Virtual Engineering das durchgängige integrierte Produktdatenmanagement. Nur wenn an allen Stellen zu jeder Zeit die gleichen, aktuellen Daten verfügbar sind, kann sicher gestellt werden, dass schlussendlich alle Einzelteile zusammenpassen, die Fertigungsmaschinen korrekt arbeiten und ein qualitativ hochwertiges Produkt entsteht. (2), (8), (9)

Was kann durch Virtual Engineering erreicht werden

Virtual Engineering spart Entwicklungszeit und Kosten. Schätzungen gehen von Kostensenkungen bei Designprozessen von zehn bis zwanzig Prozent aus, die erreichte Zeitersparnis wird sogar mit 20 bis 34 Prozent beziffert. Diese Einsparungen sind möglich, weil durch die Nutzung von digitalen Prototypen und Simulationen die Anzahl der notwendigen realen Prototypen wesentlich reduziert werden kann. (3), (8)

Schließlich wäre das parallele Arbeiten von internationalen Designteams am gleichen Produkt ohne die Hilfe von zentralen, überall zugänglichen Daten und der virtuellen Werkzeuge schlicht undenkbar. Obwohl so mancher Unternehmer sicher von den anfänglich hohen Investitionskosten verschreckt sein dürfte, so rechnen sich diese Investitionen schon bald durch Einsparungen von Prototypen, robusten Produktionsanläufen und dem erzielten Wettbewerbsvorteil am Markt. (3), (4)

Problem Software

Obwohl Vision Wirklichkeit ist der durchgängige Datenfluss im Unternehmen noch lange nicht. Vor allem zwischen den IT-Systemen in der Produktentwicklung, der Produktion und den betriebswirtschaftlichen Abteilungen kommt es noch häufig zu Brüchen im Informations- und Kommunikationsfluss. Obwohl Kosteninformationen für Einzelteile beispielsweise im ERP-System vorhanden sind, in den Entwicklungssystemen fehlen diese Daten. Kostenoptimiertes entwickeln wird dadurch natürlich erschwert. Andererseits wäre es wünschenswert, wenn Stücklisten und ähnliche Produktdaten nicht zweimal im Unternehmen vorhanden sein müssten, weil dadurch Fehler in der Kalkulation oder bei der Produktion von Varianten entstehen könnten. Auf diesem Bereich ist also noch einiges zu leisten, bis das Optimum erreicht ist. [9], [10]

Fallbeispiele

Software-Tools zur Unterstützung des Virtual Engineering

SGI, München hat in Zusammenarbeit mit MSC ein integriertes Virtual-Product-Development-Programm auf den Markt gebracht. Visualisierung, Simulation, alternative Entwürfe, digitale Prototypen sowie die Erprobung von Alternativen und Varianten sind damit effizient durchzuführen. (15)

Das SimOffice-Softwarepaket von MSC ist speziell auf die Bedürfnisse von global verteilten Entwicklungsteams ausgerichtet. Auf einer einheitlichen Oberfläche können virtuelle Prototypen konstruiert, geprüft, überarbeitet und verbessert werden. (6)

Die Firma Rexroth ist auf Dienstleistungen, Methoden und Software-Produkte für das Virtual Engineering spezialisiert. Vor allem die Antriebstechnologien und die Elektrohydraulik sind Fachgebiete von Rexroth. (16)

Solid Works ist ein Softwarepaket, mit dem digitale Prototypen in Simulationen analysiert werden können. Die enge Einbindung in das 3D-CAD-System ist ein wesentlicher Vorteil von Solid Works. (17)

Weiterführende Literatur

(1) Kienzl, Thomas, Illusionen verkaufen VR-Projekte auf IEEE-Konferenz und Cebit, iX Magazin für Informationstechnik, 05/2005, S. 38
aus BA Beschaffung aktuell, Heft 4, 2005, S. 48

(2) Realitätsnah
aus Maschinenmarkt Nr. 42 vom 17.10.2005

(3) Virtual Engineering optimal nutzen
aus Industrie Management, Nr. 2, 2005, 55-58

(4) Virtuelle Autowelt
aus Frankfurter Allgemeine Zeitung, 19.08.2005, Nr. 192, S. 14

(5) Virtuelle Prototypen reduzieren Abstimmungsaufwand in der Entwicklung – IT-Verfahren erhöhen die Transparenz von Prozessabläufen Digitale Produktion ebnet Weg in Kollaboration
aus Computer Zeitung, Heft 38, 2005, S. 21

(6) Virtuelle Produktentwicklung
aus CAD-CAM, Heft 3/2005, S. 52-53

(7) "Gute Autos haben starke Väter"
aus Automobil Industrie Nr. 06 vom 15.06.2005 Seite 026

(8) Kopf-Arbeit ist gefragt

aus Automobil Produktion, Heft 8/2005, S. 42-44

(9) Product Lifecycle Management - Ein strategischer Lösungsansatz für durchgängige Prozessketten und Informationsflüsse
aus CAD CAM, Heft 2/2005, S. 32-35

(10) Erste Anfänge - ERP im Bereich Produktentwicklung: Anbindung und Integration von CAD-Lösungen
aus konstruktionspraxis Nr. 11 vom 17.11.2005 Seite 022

(11) Die Zeit ist reif - Die 3D-Konstruktion zieht in die Konstruktionsbüros ein
aus konstruktionspraxis Nr. 07 vom 12.07.2005 Seite 014

(12) Agentenbasierte Modellierung und Analyse von Verbindungen im Produktentstehungsprozess
aus Zeitschrift für wirtschaftlichen Fabrikbetrieb, Heft 6/2005, S. 319-324

(13) Augmented Reality in der Fahrzeug-Konzeptentwicklung
aus Industrie Management, Nr. 2, 2005, 31-34

(14) VR-unterstützte Entwicklung von Werkzeugmaschinen
aus ZWF - Zeitschrift für wirtschaftlichen Fabrikbetrieb, Heft 1-2/2005, S. 59-65

(15) Schnellere virtuelle Produktentwicklung

aus Automobil Industrie OEM Partners 2005 vom
03.08.2005 Seite 065

(16) Thermogeschweißte Faltenbälge
aus Konstruktionspraxis Sonderheft 04
Zuliefererkonzepte vom 05.10.2006 Seite 32

(17) Für und Wider der CAD/CAM-Trends
aus INDUSTRIE SERVICE, Heft 3, 2005, S. 42

Impressum

Virtual Engineering - die digitale Produkt- und Produktionsentwicklung

Bibliografische Information der deutschen Nationalbibliothek

Die Deutsche Nationalbibliothek verzeichnet diese Publikation in der deutschen Nationalbibliografie; detaillierte bibliografische Daten sind im Internet über http://dnb.d-nb.de abrufbar.

ISBN: 978-3-7379-1053-8

© 2015 GBI-Genios Deutsche Wirtschaftsdatenbank GmbH, Freischützstraße 96, 81927 München, www.genios.de

Alle Rechte vorbehalten. Dieses Werk ist einschließlich aller seiner Teile – z.B. Texte, Tabellen und Grafiken - urheberrechtlich geschützt. Jede Verwertung außerhalb der Grenzen des Urheberrechtsgesetzes bedarf der vorherigen Zustimmung des Verlags. Dies gilt insbesondere auch für auszugsweise Nachdrucke, fotomechanische

Vervielfältigungen (Fotokopie/Mikroskopie), Übersetzungen, Auswertungen durch Datenbanken oder ähnliche Einrichtungen und die Einspeicherung und Verarbeitung in elektronischen Systemen.